中华武术典籍珍藏

民国武术文献选刊

第二辑　第六卷

崔虎刚　收集整理

北京体育大学出版社

责任编辑：陆继萍
责任校对：井亚琼
版式设计：高文函

图书在版编目（CIP）数据

民国武术文献选刊．第二辑．第六卷 / 崔虎刚收集整理．-- 北京 ：北京体育大学出版社，2024.2
（中华武术典籍珍藏）
ISBN 978-7-5644-4033-6

Ⅰ．①民… Ⅱ．①崔… Ⅲ．①武术－文献－汇编－中国－民国 Ⅳ．①G852

中国国家版本馆CIP数据核字(2023)第256609号

民国武术文献选刊．第二辑．第六卷　崔虎刚 收集整理
MINGUO WUSHU WENXIAN XUANKAN. DI-ER JI. DI-LIU JUAN

出版发行：北京体育大学出版社
地　　址：北京市海淀区农大南路 1 号院 2 号楼 2 层办公 B-212
邮　　编：100084
网　　址：http://cbs.bsu.edu.cn
发 行 部：010-62989320
邮 购 部：北京体育大学出版社读者服务部 010-62989432
印　　刷：北京雅图新世纪印刷科技有限公司
开　　本：710 mm × 1000 mm　1/16
成品尺寸：170 mm × 240 mm
印　　张：9.5
字　　数：99 千字
版　　次：2024 年 2 月第 1 版
印　　次：2024 年 2 月第 1 次印刷
定　　价：72.00 元

筹委会

（排名不计先后）

【河北】

王雪松　董智勇　侯晓山　张春光　智　泳　李向东　王弘武　苏建中　魏朝辉
王英臣　赵　军　段雷朋　王欢迎　孟祥国　刘明华　王文革　董法胜　卢宝库
马新华　孟令斗　李学兵　龙　威　狄松涛　牛树天　孟令聪　张永泽　孟令兴
孟令江　张思雨　高立新　陆明文　赵世君　张守安　王向东　赵永亮　曹彦场
刘　念　许　栋　卢保卫　庄国伟　孙　健　巩国平　孙　振　姜海伟　徐书长
王　宾　王永涛　赵志勇　张剑军　孟祥龙　柴海生　田卫民　王铁英　张继斌
秦晓悦　刘红强　王长军　田振伟　田　伟　闫庆洪　郎立成　张坤伟　李　波
周　弘　郗建勋　刘光芒　王福庆　张星一　董贵轩　高国辉　孟春华　陈志刚
张增海　李常琳　章建春　张　斌　李　冰　王小龙　鲍玉龙　常　军　李会锋
盖国海　张铁柱　钟俊峰　张根云　任增良　宋分成　李保辉　卜元法　刘　雷
封佳良　李立兵　郝桂英　杨志英　赵连江　张　聪　夏令虎　李正国　丁　强
李文龙　王学武　陈宇明　李金龙　张　义　牛志勋

【山西】

李旭东　刘笃义　苗树林　李乃勤　张振杰　陈贵更　姚建东　张　欣　邢晓朝
王连恒　王　兵　马德祥　薛文江　温锦铭　杨　军　郝利华　李俊杰　王守禄
董冬元　张奇林　任晓平　沈炜东　赵京生　刘叔勤　梁光平　郭玉文　李　白
王理生道长　吴志刚　阎子龙　王宏伟　王　建　李德仁　郭润泽　高玉兔
许青行　孙君荣　陈　娟　赵国华　王银辉　胡晓琴　田志丹　韦树杰　温玉恩
胡元亮　马海平　张玉全　阴建文　王日兵　郭　扬　释妙修　高全民　何　军
冉高峰　李正业　王勇义　晨　曦　田正西　马学恩　郭晋博　王建筑　高宝东

王太晨　侯庆林　朱喜何　宋宝贵　宋俊芳　吴会进　王俊香　张楗军　王德俊
胡佳锋　王雨东　李青峰　史德全　吕　卓　梁文章　李宇鹏　于庆海　吕永昌
吕传泳　李景福　乔一铭　王攀峰　石大永　姬俊峰　贾国喜　吴利生　吴利民
杨志忠　胡安辉　曹中义　胡丽娟　武　冬　王　勇　陆向春　高　静　姬　才
殷文军　王苗祥　王仲文　江俊峰　张丕锋　白玉仁　刘铁铸　秦同文

【内蒙古】

刘井春　褚海东　孙根新　宋仿琛　范健宇　武静安　刘永文　郭迎宾　王浩亮
卢爱琴　乾　坤　白景春　张国华　吕瑞亭　刘世君　周彦明

【北京】

胥荣东　康戈武　徐　杰　于昕洋　肖红艳　酒大雷　姜启超　聂志涛　刘　翊
吕鸣捷　赵安平　尚远宇　王　凯　孙汝贤　牛立新　孙国中　党雪田　高晓光
贾永安　邸国勇　乔　宁　辛　强　刘　铄　程庆余　王　桐　赵天阳　左宇彤
韩俊瑛　孙嘉浜　孙文景　白石羽　德　全　欧　阳　万周迎　徐　鹏　刘路遥
李　谷　左　健　付洪波　成金俊　黄志刚　李　戈　彭　龙　陈　铁　高雪峰
王宝山　王中行　王沥斌　贞　达　孙庆丰　薛　岩　李　迎　张　斌　洛　尘
张　磊　金　微　秦保华　杨文学　王庆年　徐　许　刘福龙　孙国柱　刘满常
于　浩　张国儒　刘万成　于　江

【天津】

崔　巍　于经元　胡向阳　刘宝林　张天龙　张金旺　丁伯立　顾海波　赵文龙
王　诜　王福勇　崔媛媛　马延凯　张聚贵　孙国善

【辽宁】

刘洪刚　任　彬　于万凯　孟　涛　黄中元　高　朋　万　勇　梁　丰　孔德林
潘大庆　王秀如　臧福源　李保刚　薛圣东　孙贵东　袁　波　张　悦　韩宝轩
蒋秀山　侯　明　乔　武　刘英伟　张国志　刘计星　李金友　高　宇　马　畅
郑维钧

【吉林】

张　河　邓宇光　李　银　丁　皓　骆立文　王君波　孟　宇　徐厚祥　佟　冰
倪　郝　赵　耀　郭其武　袁洪范　刘　君

【黑龙江】

佟亮辰　张艳阳　陈玺镔　张指辉　王　皓　宋　梁　郭宝成　陈　斌　刘立国
毕文波　杜伟国　黄忠伟　李　冰　吴　俣　曹志峰　马宏伟

【河南】

张雄鹰　种明生　郭航海　王志远　贾自愿　安呈林　朱利军　释延布　杜长坤
刘启飞　石　勇　王农川　郑营俊　常青州　张　艺　马众森　王占敏　巩建松
倪根上　陈近仁　李朝乾　李紫剑　邢红义　李佩革　刁修华　梁靖予　宋尚军
释延巽　李红林　赖庆新　陈万军　郝跟上　张　帆　恒　勇　王子淳　张亚东
孙明亮　魏淑云　赵振选　王会武　耿　军　买西山　买　威　时晓武　买　勇
买仁萍　仵　锋　马德占　王长明　张伟兵　代忠波　张　玮　段建民　孙保才
李小欣　酒同标　酒小郎　苗轩国　孙和龙　孙随成　焦立武　王建设　刘培兴
苗鸿宝　苗步超　张运生　苗田营　苗富强　杨德民　胥兆飞

【湖北】

徐　斌　张建生　李应龙　刘　杰　石　峰　田　浩　夏四鸿　梁靖予　陈玄机
瞿凤华　秦声浩　严　飞　姜学斌　郑桂桐　胡炳林　李德民　薛兴江　胡圣奎
王卫红　焦通章　徐赐兵　黄亚平　戴珂铭　张　显　刘秋龙　马国平　薛劲松
李志武　丁大益　黄胜文　唐俊虎

【湖南】

苏若鸣　陈开喜　王常秀　张常海　邹　骁　刘建湘　黎昌元　向军华　张继桂
蒋谷川　滕召军

【广西】

黄耀丹　夏　敏　唐晓艺　严翰秀　赖铭强　梁杰乔　张容嘉　廖贤阳

【广东】

于鸿坤　蒋荣杰　任官生　蒋子龙　张俊林　蒋化一　李湘山　刘　泉　沈建杰
余锐镔　张勇强　方　金　陈　执　毕荣俊　刘志坚　靳清江　马廉祯　吴广添
邵剑波　梁伟民　颜志图　吴启贤　陈　伟　王　贵　张梦阳　陈福和　廖锦泉
方应中　陆常康　杨亚国　房向南　陈健志　覃海权　徐　宏　梁柏清　赵刚生
江善祯　房　生　黄　熠　李伟光　贾华兵　王会哲　林国生　吴晓辉　吴立群
洗伟昭　梁文楷　黄仕君　曾奕涵　钟立强　陈会崇　杨柳标　王邦菊　张广辉
刘志添　刘春涛　杨春茂　詹亮清　莫华法　罗浩苑

【深圳】

郑喜平　周　华　李翰青　曹革林　苏洪海　梁　丰　贾永唐　徐百军　连　成
蒋定臻　王继勋

【海南】

梁昌泰　张　雷　李　秀　陈东升

【山东】

高鹏熙　李满利　张松仁　谭京杰　王　刚　马　斌　刘　毅　孙胜辉　周云峰
王玉金　尤明达　厉善祥　刁长俊　周庆春　孙丰玺　许　峰　王芝强　王　斌
刘维明　战文腾　宫智辉　倪德飞　孙思蒙　张　斌　郝代远　史　鼎　康汝宙
郭　宁　张长生　赵延俊　张胜利　张克田　周　游　刘　伟　安宝东　刘军农
董玉明　王景钏　贾友民　张树远　李保庆　王继国　王淼鹏　潘　章　高　承
李万温　张卫东　王宏全　王　伟　梁国爱　李海涛　李飞林　刘连洋　王国川
郑中华　张彦营　姚　磊　刘东强　白正刚　吕延波　洪卫国　张延斌　谷志强
孙晞棠　赵国忠　邓　桦　曹广超　周　琦　陈　雷　泰　祯　李安国　郭英新
徐西林　董志忠　张乐华　孙瑞全　张元海　刘龙昌　谭凯文　冯长源　杨　雷
张　涛　李其胜　梁殿品　张祥泽　朱宗启　薛士玉　杜孝伟　朱永强　樊　霄
杨圆义　刘道毅　李若现　王立岩　要学良　刘圭生　郭玉刚　张　鹰　李金顺
彭维利

【江苏】

杨　忠　窦小彦　许　忠　江其林　兰顺林　王存果　刘季月　周晓明　卜照生
张　亮　马　伟　时丕昌　师厚春　徐　帆　林圆龙　梁　雪　王新跃　谢逸繁
李　胜　解建昌　张爱成　沈枫涛　翟爱武　王吉波　张爱春　王海港　胥子连
毕明府　程　明　刘　通　陈军民　虞洪涛　张　滇　陈灏梁　景怀义　韩运疆
宫翠峰

【浙江】

仇富军　吕　亮　倪顺坚　孙　吉　杨秦健　张　斌　金　翰　王良辰　李继红
蔡德强　戴有木　张青松　马俊成　刘　柱　俞永辉　刘立存　李诚勤　张　俊
高宜挺　许科军　俞佐清　顾　坚　王圣华　刘小峰　杨　华　陈碧如　邓显群
顿鹏辉　江　澜　王一静　姚步高　江敏华　王纪杰　蒋　文　陈宇阳　钱周锋
周　明　蒋仲清　陈幼根　周　锋　陈沛宝　赵　青　凌风子　景　然　周美良
潘小江　卢成昌　潘石弟　凌懿文

【福建】

王福民　蔡卫权　倪忠森　王振河　张祖永　蒋秀山　许剑云　陈向荣　孟庆贺
连国汉　林　峰　俞景耀　陈恒演　涂智兴　罗建晖　林和顺　胡文辉　梁　涛
林建栋　吕信明　周　攀　杨　晗　刘有春

【安徽】

胡春泉　曹　军　钱军帅　祝安园　聂红松　江　奎　魏　冰　毛立欢　冯　皓
欧阳兴业　马　林　铁中玉　刘俊杰　王靖华　武爱东　陈晓东　徐永银
吴　笛　陈　军　赵　飙　张宏华　王　磊　吴　昊　胡卫东　吴　伟　谭全胜
刘法志　汪　泉　乔长良　朱红军　杨纯生　卫　存　卢　杰　秦　琥　王学东
聂　刚　曹其根　曹季泉　曹加才　纪良发　曹　凯　董德霖　张　博

【江西】

熊庆云　钟水清　李舒霖　郭木青　王联军　唐毓堃　张功燚　李江明　屈　群
刘　超　应宗强　李洋洋　陈　军　乐　繁　代建国　钟祥明　虞法志　章新尧
林爱兵　林国生　刘炳开　童加清　李曦初　李海斌　王禹平　崔瑞郡　李广华

【上海】

林　杰　谭振勇　朱长跃　樊永平　杨雨辰　金培贤　金俊达　尹　捷　薛怡平　鞠学东　阚水源　凌先生　孙连盛　杨志承　孙经纬　王宝财　谢琦辉　刘　志　何轻舟　吴爱民　宋　旭　游　清　释永照　董家良　董纲成　陆龙祥　陈海光　梅永福

【陕西】

李　钢　张　钢　郭华东　邵　华　杨俊伟　罗　德　董安强　贺元瑞　杜群喜　杨伟峰　王晨生　杨　坚　白永东　孙　武　陈少纯　郭桂荣

【甘肃】

郝心莲　辛富国　金　宏　李宝才　温世杰　马　伟　汪子竣

【宁夏】

杨文舜　梁杰乔　吴　涛

【青海】

马宏伟　朱春明

【新疆】

赖宝珊　任　军　黄尘哲　张新民

【云南】

黎丽辉　曾　瀚　李太宏　鄢　博　赵顺军　张晨光　叶昆生

【贵州】

杨绍平　谢明宇　刘　曦　孙鲁龙　黄　檗　刘庆涛　曾昭弟

【四川】

侯　毅　古海啸　梁军民　金　亚　李　阳　周新杰　罗　斌　王伟骅　陈兴均　曹　卉　兰　唯　唐博文　郭　建　邱湘彭　罗小波　唐　昶　黄趾洲　温昌奇

【重庆】

罗　明　徐泉森　罗先雄　曹晓东　陈治军　张文欣　张宗华　周光华　黄文才　吴洪明　刘天海　袁一晋

【香港】

李健雄　Mehdi　谢永铭

【台湾】

杨正隆

【其他国家】

黄少武　王振身　陈　闯　龙勿用　胡耀武　柳寿晨　容光远　张立彪　甲斐正也　村上正洋　片桐阳　马永光

特别鸣谢

李金明　王彩鲜　李延春　庞明泉　李　翔　智晓园　于　芳　张　梅　周兰英
安　毅　王新瑞　李克宣　崔并花　杜崇开　刘　洽　张　昭　李继光　薛思问
杨春兰　李　懿　邹德发　吴世勋　高友孝　刘瑞荫　黄兴发　王云山及其姐
袁树礼　郭荣珍　耿爱梅　刘丽俊　郝富义　李补鱼　郝锦园　杨桂芳　杨洪喜
刘怀玉　钟雪友　蔡震升　伦怡馨　高　瑛　李龙城　张魁武　柳百成　张德生
李建勇　贺国安　王慧琴　冯银刚　韩太民　韩原民　曹东红　王　浩　韩常林
韩焕茹　尤素娥　赵海凤　胡玉洁　张桂兰　田喜凤　郭宝芳　魏宏斌　袁建斌
郭　宏　马润生　冯骑明　阎文辉　焦清华　王秀丽　郭　刚　韩秀英　卢冬光
张雪刚　尹贵龙　范阿宝　朱建华　巩爱平　胡建彪　何建东　郝宪伟　郝建邦
郭仁实　高澍芃　江敬斌　薄建东　郑　炜　周　宏　吕　毅　徐用生　田春林
李　明　师维勇　韩小华　尹小玲　赵学毅　刘巧莲　任建玲　赵媛凤　义瑞珍
张玉香　张秀玲　魏巧燕　王小源　海晓霞　刘庆林　赵丽华　徐　静　姚书典
殷　岩　王小根　王海英　宁晚林　胡玉亭　乔　栋　田振山　林　纲　赵大春
朱　峻　王民忠　李　刚　顾武安　李　峰　章　青　叶林忠　贾云杰　许树华
杜　箐　刀京梅　孙慧敏　姜淑霞　王占伟　王艳玲　常学刚　梁伟民　王跃平
冉宏伟　王　蓉　苑博洋　胡志华　李博伦　宋杨萍　韩　翔　田海英
恩师朱华先生、师母冀秀珍女士
父亲崔官禄、母亲王玉莲及兄弟姐妹各家人

目录

三才剑学

提要

《三才剑学》，一册，印本，成书于民国二十一年（1932年）。书名“三才剑学”四字为钱大钧题写。据版权页信息可知，该书由徐士金著述，刘希鹏、罗英校阅，南华印刷公司印刷，影印底本为民国二十一年十一月十日再版版本，图书信息翔实明确。

辅文包括《三才剑学》二则、《序》二则和《自序》一则。其中，徐士金所作《自序》，文字慷慨激昂、充满力量，旨在呼吁中国人振作起来、强健身体，使有志之士在动荡的时局下，效命疆场、自卫救国，这也是他撰写该书的缘由，体现了当时武术学者崇高的爱国情怀。

正文可分为《三才剑学绪论》《三才剑十二要诀》《三才剑学浅说》三部分。《三才剑学绪论》包括《剑之原始》《剑之形式》《剑之本义》三篇。其中，《剑之原始》记录了有关剑起源的学说，并结合当时的考古发现，谨慎地提出了“剑不始于石器时代”的观点；《剑之形式》通过图文并茂的形式，展现了不同历史时期剑的形制和特征，间接反映了当时铸造工艺、技术水平的发展程度；《剑之本义》简述了剑的自然能力。《三才剑学浅说》是正文的主体部分，分天才剑、地才剑和人才剑三章，这也体现了哲学层面天、地、人合一的观念。从撰写方式来看，每页以图示文注的形式详细讲解一个招式技法，内容设计和编排顺序符合武术习练的基本规律。

该书作者徐士金为形意门耿继善的弟子，故《三才剑学》末页收录《形意三才剑之源流》显得合情合理。除《三才剑学》外，徐士金的《四式拳图解》也广为人知。

三才劍學

錢大鈞題

武當嫡派

陳己永題

健身自衛
强種救國
張之江題

發揚國術

何祿華敬題

强種為救國唯一之基本
國術為强種不二之法門

陳紹平題

尚武精神

王介眉題

三才劍學傳授者

李存義先生肖像

劍學導師

耿繼善先生肖像

本刊校閱者

劉希鵬先生肖像

著者近影

三才劍序

昔項羽以讀書讀律之餘，去而學劍，固知英雄事業，原不在雪案芸窗之中，然古來以劍術著稱於時，取貪官汚吏首級，如探囊取物，爲良善伸寃誣，平怨憤者，徵以史乘，尤不絕書，至於鍊形鍊氣之術，吾人但耳古代有劍仙之名，而未見其人，蓋斯道失傳久矣，或謂深山大壑之中，時有異人，往往能納寸七，吐白虹，而不涉足於城市，則斯人之爲有爲無，實亦等於談神說怪，非可以跡象尋求，夫荒誕深姑弗論，而實學者則確爲吾國之精粹，故研究國術之士，每思所以保存之，於是通都大邑，風起雲湧，紛呈館社，競爲提倡，一時靡弱之風，於焉頓變，然考其所習，多以拳術爲主，旁及刀矛棒槊，而於劍術追不多覯，誠以劍術一道，非於諸種拳術之功架，步法身段，先得門徑，再爲學劍，乃有可觀，否則躐等冒進，縱具規模，猶未學也，然而劍之爲道，又屬易學難精，是以古人有養氣十年，乃行學劍之訓，於以知學劍之難，誠非易事，皖北徐君士金，英年俊邁，體魄堅强，幼從武當派名家耿繼善先生游，潛心國術，藝與日增，又富軍事學識，能劈刺術，凡於刀劍戈矛拳角諸術，皆造詣頗深，而於三才劍一種，尤有功力獨到之處，民十九春，受知於本市前公安局長黃公振興，紹介警士教練所服務，旋任該所技術教官，嗣兼充武漢中央軍校技術科教官，近以其所著三才劍一書，屬爲序言，愚於劍術一無所能，又不文，未能表彰徐君之術於萬一，而參其概要，不外以天地人之三才，喻上中下之三勢，使劍如游龍，如活虎，倏而兔起，忽而鶻落，一身所布上中下各姿勢，常接而不斷，合而不離，自始至終，由首及尾，伸縮進退，攻擊守禦，一氣完成，無懈可擊，是三才劍者，雖不能謂爲劍術之大全，然習劍有成，實亦可窺全豹，夫晚近世界列强，競以科學發明戰爭火器，劍之一道，豈可與火器相抗衡，然而兩軍相對，衝鋒肉搏，短兵交接之間，唯刀劍是尙，邇者倭兵寇滬，曾以驍勇殺敵之大刀隊蜚聲中外，當此國家多難之秋，倘能於劍術普遍訓練，使有志之士，效命疆場，獨樹一幟，不讓大刀隊之專美於前，則發揚國粹，而爲異族所驚服者，其在斯乎，徐君執教軍校，樂育英材，閒以三才劍授諸學子，愚故以此相勗，更馨香以祝之。

中華民國二十一年三月二十日嶺南陳已識序

原本此页无内容

三才劍學序

粤稽栽籍曰拔劍斫地曰聞雞起舞曰腰横十萬曰手提三尺或舞於鴻門或藏於魚腹劍擊之學由來尚矣慨自文武分途羣趨訓詁詞章之學褒衣博帶清談自雄以刀劍爲凶危之物以武藝爲粗獷之技異而不講日就孱弱及今炎黃華胄遂成東亞病夫爲世姍笑間有英雄豪邁之士鍛鍊劍術又皆寄跡深山窮谷之中不求聞達其俠情義舉多不見聞於當世劍學於是乎失傳我國之衰實基於此言之殊堪浩歎近者强鄰壓境虎視鷹瞵堅艦利兵風馳電掃有志之士痛外患之日亟講自强以救亡學劍者流應時而起徐君士金籍隸皖江翱翔軍旅工拳術精劍擊於太極八卦諸說無不通曉今不私其所學著三才劍學一書公諸同好藉以指示磨礪之門徑振刷尚武之精神乞余一言以爲序余嘉徐君之志故書其梗概於簡端所望海宇同胞一致奮起按圖

精研積健爲雄驗之兩軍對陣短兵相接之時必有以濟槍砲之窮而制最後之勝十萬橫磨劍橫掃匈奴間不讓古人專美於前矣是爲序

民國二十一年三月　　漢川晏道剛序於武昌軍校

序

青虹在握，將軍突萬馬而單騎，白練橫空，壯士削千軍於一瞥，囊中龍嘯，爭呼奸佞頭飛，室內光紅，驚嚷佳人蹤杳，故讀歷史而念殊功，感不平而懷俠蹟者，未嘗不劍人並慕而痛恨太息於劍術之失傳焉！王中春友人轉示徐君士金新著之三才劍學一書，屬書數語爲序，我本不文，更不知劍，何能作序，更何能作三才劍學之序耶，華宇冠茅，已貽譏誚，隔靴搔癢，孟浪尤多，惟徐君以教人之動機，成此書於滬江寇餒囂張之日，其有益於我輩之研究，以收功於異日之疆場者，則可預料，信預料之不誣，贅短歌以當祝歌曰：

神州大陸風雲黑

壯士投袂兮氣折玦

狂歌跨海劍光紅

劍光紅兮倭焰滅

一九三一，春，李克寬序

序

鵬髫齡束髮受書深愧所學未成十八歲遵父命棄而習劍投於本縣李存義先生之門先生精通拳劍對於形意太極八卦更爲專長顧鵬性愚鈍毫無所得而先生遽歸道山愴惻之下方悟已往之非雖從諸同學等朝夕揣摩研習亦不過略具皮毛耳爰涉歷大江南北冀有高明賢哲藉作他山以期深造民十八南遊至淡遇皖北徐子士金彼此傾蓋論交方知徐出耿繼善先生之門爲耿師高足由是互相愛敬遂成莫逆而徐平生好武藝精拳劍旁及角術皆能以獨賦天才融會其意且富有軍事學識尤精於三才劍術身體魁梧勇邁絕倫而言談間溫婉謙恭人罔不知身嫻武藝也邇者國事之日非外患愈急禦侮抗日爲吾人之天職國術同爲重要特願將其所精之三才劍術著述成書以供同好囑鵬爲之校理鵬自愧駑劣學無長技未敢貿應但恐拂徐子愛

國之叢故不揣冒昧遂本徐揚所精副以鵬之所學攙納篇中或使斯道得傳於世庶不負先師教授之苦心刻因徐子將書付梓屬綴片言鵬固不文爰述其梗概是爲序

中華民國二十一年歲次壬申孟春月　河北深縣劉希鵬序

自序

當上海的炮火震天價響的時候，在無限的血流澎湃之下，這本小小的册子終於不幸地蒙着惡劣的命運而產生了。由這次事變，我們可以透澈地明白，所謂公理，到底是否能夠在兩個不平衡的力量上發生效用？同時我們可以更進一層地明白，終日向人搖尾乞憐的人，他必永遠永遠得不到旁人的同情和挽救，他只有老是被窮困在悲痛的深淵裏；既然，事實告訴我們的是如此，請問此刻展現在我們的眼前的，除開自己下決心自救外，還有怎麼道路，是我們應當走的？

是的，任何人也不能否認：一個能夠下決心自救的人，他的前途必是光明的，那末，各位，請你們低下頭來靜穆地窮思，事實會是如此簡單麼？不！決不！因爲他還有他應具備的附帶條件存在……很顯明的，假若一個非健康的人，想要做出一番非凡的事業來，正如同躲在汚濁陰溝裏的癩蝦蟆想吃天鵝肉一樣徒貽識者以訕誚！根據生理學上，精神學上，我們可以知道某一個人的健康與他言行的關係，明白點說：一個人的康健與言行，是互爲因果，互爲條件的，大凡一個確實健康的人，他的言行，多半是向上的，隨處都是表現他的生機勃勃的英武的態度，否則反之。如少年人之與老年人，就是一個最好的例子。

誰也知道，促成健康唯一的要素就在運動，然而我們不要忽略了，運動不過是一個籠統的名稱在它的內部，很顯淺地我們可以分出兩個界限來，即貴族化的運動與平民化的運動，所謂貴族化的，就是說指平民沒有力量去施行的一種運動，平民化的運動，當然是指平民能力可以做到的。既然，在運動中有這末一層厚大的隔膜，到底要什麼方法纔可能將這層隔膜打破它呢？我以爲唯一的方法就是使運動技術社會化，而真正合於運動技術社會的可以說就是國術了。它是不拘於時空場合平民貴族的，它是順乎科學的原理而合乎現代潮流的，我們口口聲聲高呼着「保存國粹」。提倡自衛精神。難道國術不是國粹麼？難道國術不足以自衛麼？我們上戰衛鋒，施行白兵戰以殺敵，需要的是怎麼？還用得自四五十生口徑的大砲與濃密的機關槍麼？由是我們又可以認識國術的重要了。

放開我們的目光去看吧，若大的東三省現在飄揚着誰的國旗？稱東方巴黎的上海現在又被蹂躪到了怎樣一個地步？大中華民國的人民的血液那兒流去了？這些這些…………無一不是暴露出中國人的弱點，爲甚麼我們此刻還不振作起來呢，難道我們竟願東亞病夫的榮銜永遠頂在我們的頭上麼？到底誰是眞正愛國的？

朋友，來吧，我們攜着手挽着背踏着健康的路途向自衛的道上走去：向自衛道上邁進！曙光已展現在我們的前面。來吧……健康……自衛……救國……

士金自序於中央軍校武漢分校

一九三二，二，十九日。

三才劍學目錄

第二章　地才劍

三才劍學

緒論

起劍之原始

黃帝本行記云，「帝採首山之銅，鑄劍，以天文古字題銘其上」，管子地數篇云，「昔葛天盧之山發而出金，蚩尤受而制之，以爲劍鎧。」

以上二說不同，劍之始於何人，殊難斷定，然黃帝鑄劍，則曰採首山之銅，蚩尤爲劍，則曰葛天盧之山發而出金，受而制之，其說雖異，然可見劍之發明甚古，當在銅器時代。

雖然，吾國古書記載，亦難十分可據，進而求諸近代考古學者所發現，石制兵器甚多，石刀石斧石箭等，均有所見，而石劍則不然，是又不敢以推定之理，而謂石器時代有劍也。

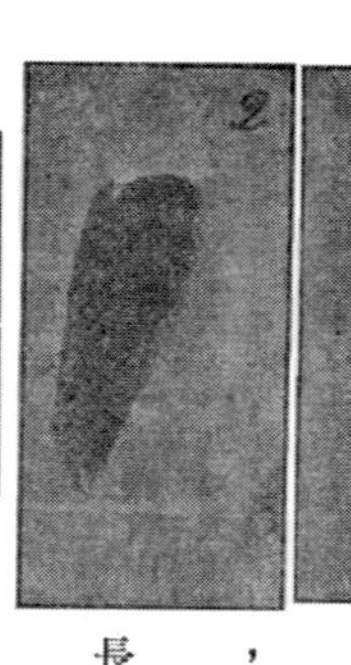

附石制兵器圖列上

1.爲石刀，出於山西萬泉縣南澗村，長五英寸三英分。

2.爲石斧，出於山西萬泉縣荊村，長五英寸五英分，寬一英寸七分。

3.爲石箭領(鏃)出於附山西萬泉縣南村澗。

以上三圖，攝自首都古物保存所，其說明得之該所衛主任，惟石劍尚未之見，故據現在考察結果，可知劍不始於石器時代，但將來有無石劍發現，此時尚難斷定。

劍之名稱考

歷代劍之名稱，非常複雜，茲順其年代先後，擇要述之，按劍有劍器與劍術之別，劍器多見之傳記，劍術鮮有稱述，僅僅武術家師徒口傳而已，故於劍術之名，另爲附錄，其不可考者，從略。

（註）按此劍器，屬於製造方面，與舞劍之劍器不同

軒轅氏

軒轅劍

廣黃帝本行記曰，「軒轅帝採首山之銅，鑄劍，以天文古字題銘其上。」

揺軒轅劍，以此得名。

高陽氏

畫影劍　騰空劍

拾遺記曰，「顓頊高陽氏，有畫影劍騰空劍，若四方有兵，此劍飛赴指其方則克，未用時，在匣中常如龍虎嘯吟。」

按謂四方有兵，此劍飛赴指其方則克，與後世飛劍取人首於數百里外者，同屬子虛，至謂在匣如龍虎嘯吟，更爲理之所必無者。

夏

夏禹劍

夏禹鑄一劍，藏之會稽山，腹上蔵二十八宿，又有背面，面文爲日月星辰，背記山川，（見圖書集成刀劍部彙考）

商

夾劍

孔甲在位三十一年，以九年歲次甲辰，採牛首山鐵，鑄一劍銘曰夾古文篆書，長四尺一寸，(見古今刀劍錄)

按言採牛首山鐵，是商時已有鐵，越絕書、謂「歐冶子干將鑿茨山洩其溪，取鐵英作為鐵劍三枚，」是鐵制見於春秋時，而江淹銅劍讚序，謂「古以銅為兵，至於秦時，攻爭紛亂，兵革互興，銅既不克給，始以鐵足之，」是秦時始用鐵制劍，未知孰是，並存之，以俟正者。

定光劍

太甲在位三十二年，以四年歲次甲子，鑄一劍，長二尺，文曰定光

，古文篆書，（見古今刀劍錄）

照膽劍

武丁在位五十九年，以元年歲次戊午，鑄一劍，長三尺　銘曰照膽，古文篆書，（見古今刀劍錄）

周

桃氏劍

考工記，桃氏爲劍，（王昭禹曰，劍之工名，謂之桃氏，以桃能辟除不祥而劍亦能止暴惡教也）

鎭嶽尙方劍

昭王瑕在位五十一年，以二年歲次壬午，鑄五劍，各投五嶽，銘曰嶽鎭尙方劍，古文篆書，長五尺，（見古今刀劍錄）

按鎮嶽尙方劍，是由以五劍投五嶽得名。

昆吾劍（一名錕鋙）

子順對魏王曰，周穆王時，西戎獻昆吾之劍，長尺有咫，鍊鋼赤刃用之切玉如泥，（見圖書集成刀劍彙考）

按十洲記云，「流洲在西海中，地方三千里，去東岸十九萬里上多山川積石名爲昆吾冶，其石成鐵作劍光明洞照如水晶，狀剖玉物如割泥……」拾遺記云，「昆吾山其下多赤金，色如火，昔黃帝伐蚩尤，陳兵於此地，掘深百丈，猶未及泉，惟見火光如星，地中多丹，鍊石爲銅，銅色青而利，泉色赤，山草木皆勁利，土亦剛而精，」二記所言，一曰鍊石成鐵一曰鍊石爲銅，稍有出入，然昆吾爲山名則一，而鐵與銅均爲五金之屬，可見昆吾劍，是出採崑吾山下金鑄之而得名也。

春秋戰國

吳

干將　莫邪

吳越春秋，干將吳人，莫邪干將之妻也，干將作劍，莫邪斷髮翦爪，投於鑪中，金鐵乃濡，遂以成劍，陽曰干將，陰曰莫邪，吳地記闔閭使干將鑄劍，鐵汁不下，其妻莫邪曰，鐵汁不下有何計，干將曰，先師歐冶鑄劍不銷，以女人聘爐神當得之，莫邪聞語，竄入爐中，劍汁出，遂成二劍，雄號干將，雌號莫邪，(見辭源)

按干將莫邪，以匠名而得劍名，然其竄入爐中之事實，殊不近乎情理，此後人之所附會也。

越

湛盧 純鈎 勝邪 魚腸 巨闕

越絶書，當造此劍之時，赤堇之山破而出錫，若耶之溪涸而出銅，雨師掃灑，雷公擊橐，蛟龍捧鑪，天帝裝炭，太乙下觀，天精下之，歐冶乃因天之精神，悉其伎巧，造爲大刑三，小刑二，一曰湛盧，謂其湛湛然黑色也，二曰純鈎，謂望之手振拂揚其華淬如芙蓉始出，觀其釽，爛如列星之行，觀其光，渾渾如水之溢於塘，觀其斷巖巖如瑣石，觀其才煥煥如冰釋三曰勝邪，未見其說，四曰魚腸，卽燔銅劍也，又謂之松文，取諸魚燔熟褫去脇，視見其肠，正如燔銅劍文也，五曰巨闕，謂劍之鋼者，刃多毀缺，觀越王取巨闕與薛燭視之，薛燭曰，非寶劍也，寶劍者，金錫和銅而不離，今巨闕已離矣，非寶劍也，王曰，然，巨闕初成之時，吾坐於露壇之上，宮人有四駕白鹿而過者，車奔鹿驚，吾引劍而指之，四駕上飛揚不知其絕也，穿銅絕鐵鑈，胥中決如粢米，益信其然也。

按雨師掃灑，雷公擊橐等說，原爲古人假借神道俾人崇信此劍意意，勿泥爲實有其事也。

越王又使工人以白馬白牛祀昆吾之神，採金鑄之，以成八劍。

一名掩日，以之指日則光盡暗，金陰也，陰盛陽滅故也。

二名斷水，以之劃水，開卽不合。

三名轉魄，以之指月蟾兔，爲之倒轉。

四名懸翦，飛鳥游蟲，過觸其刃，如斬截焉。

五名驚鯢，以之泛海，鯨鯢爲之深入。

六名滅魂，挾之夜行不逢魑魅。

七名卻邪，有妖魅者見之則伏。

八名真剛，以之切玉斷金，如削土木矣。

(以上見拾遺記)

按祀神鑄劍，事原有之，惟言劃水開即不合，及指蟾兔與之倒轉，未免不衷於理，况月之蟾兔，係月球上之凹凸處，劍何從指之而倒轉耶。

楚

龍淵　太阿　工布

楚王召風胡子而問之，曰寡人聞吳有干將，越有歐冶子，此二子用世而生天下未嘗有，精誠上通天下為烈士，寡人願齎邦之重寶，皆以来子，因吳王請此二人作鐵劍可乎，風胡子曰，善，於是乃命風胡子之吳見歐冶子干將，使人作鐵劍，歐冶子干將鑿茨山，洩其溪，取鐵英作爲鐵劍三枚，一曰龍淵，二曰太阿，三曰工布，楚王曰，何爲龍淵太阿工布，風胡子對曰，欲知龍淵，觀其狀，則如登高山，臨深淵欲知太阿，觀其鈲，巍巍翼翼，如流水之波，欲知工布，鈲從文起，至脊而止，如珠不可衽，文若流水不絕。

晉鄭王聞而求之不得，興師圍楚之城三年不解，倉穀粟索，庫無兵革，左右羣臣賢士，莫能禁止，於是楚王聞之，引太阿之劍，登城而麾之，三軍破敗，士卒迷惑，流血千里，猛獸毆逐，江水折揚，晉鄭之頭畢白，楚王於是大悅曰，此劍威耶，寡人力耶，風胡子對曰，劍之威也，因大王之神，楚王曰，夫劍鐵耳，固能有精神若此乎，風胡子對曰，時客有使然，軒轅神農赫胥之時，以石爲兵，斷樹木爲宮室，死而龍藏，夫聖主使然，至黃帝之時，以玉爲兵，以伐木爲宮室，鑿地，夫玉亦神物也，又遇聖主使然，死而龍藏，禹王之時，以銅爲兵以鑿伊闕，通龍門，決道河，東注於海，天下通平治爲宮室，豈非聖主之力哉，當此之時作鐵兵，威服三軍，天下聞之，莫敢不服，此亦鐵兵之神，大王有聖德。楚王曰，寡人聞命矣。（見越絕書）

按龍淵亦稱龍泉，唐人避高祖諱改淵爲泉（見辭源）劍名龍泉，以龍泉縣南五里水，可用淬之，昔人就水淬劍，劍化龍去，故劍名龍泉，（見寰宇記）吾國專制時代，君主之名，視爲神聖不可侵犯，淵改爲泉是避諱之常例，泉水淬劍，因以名劍是甚確當，然以劍化龍去附會之，則神話而已，至言磨劍破軍，反曰劍神王德，編者不禁有盡信書不如無書之歎。

趙

天子劍　諸侯劍　庶人劍

說劍篇，昔趙文王喜劍，劍士夾門而客三千餘人，日夜相擊於前，死傷者歲百人，好之不厭，於三年國衰，諸侯謀之，太子悝患之，募左右曰，孰能說王之意，止劍士者，賜之千金，左右之，莊子當能，太子乃使人以千金奉莊子，莊子勿受，與使者俱往見太子曰，太子何以教周，賜周千金，太子曰，夫子明聖，僅奉千金以幣從者，夫子弗受，悝尙何敢言，莊子曰，聞太子所欲用周者，欲絕王之喜好也，太子曰，然，吾王所見劍士皆蓬頭突鬢，垂冠曼胡之纓，短後之衣，瞋目而語難，王乃說之，今夫子爲儒服而見王，事必大逆，莊子治劍服三日，乃與太子見王，言臣之劍，十步一人，千里不留行，夫爲劍者，示之以虛，開之以利，後之以發，先之以至，臣有天子諸侯庶人三劍，天子之劍，以燕谿石城爲鋒，齊岱爲鍔，晉魏爲脊，周宋爲鐔，韓魏爲鋏，包以四時，繞以渤海，帶以常山，制以五刑，論以刑德，開以陰陽，鋏持以春夏，行以秋冬，此劍直之無前，舉之無上，案之無下，運之無旁，上決浮雲，下絕地紀，此劍一用，匡諸侯，天下服矣，諸侯之劍，以智勇士爲鋒，以清廉士爲鍔，以賢良士爲脊，以忠勝士爲鐔，以豪傑士爲鋏，此劍直之亦無前，舉之亦無上，案之亦無下，運之亦無旁，上法圓天，以順三光，下法方地，以順四時，中和民意，以安四鄉，此劍一用，如雷霆之震也，四封之內，無不賓服而聽從君命者矣，庶人之劍，蓬頭突鬢垂冠曼胡之纓，短後之衣，瞋目而語難，相擊於前，上斬頸領，下決肺肝，無異於鬬雞一日，命已絕矣，無所用於國事。今大王有天子之位，而好庶人之劍，臣竊爲大王薄之，王乃牽而上殿，宰人上食，王三環之，莊子曰，大王安坐定氣，劍事已畢奏矣，於是文王不出宮三月，劍士皆服斃其處也，（此係節錄莊子說劍篇）

按莊子言劍分天子諸侯庶人三等，原借劍以喻治，卽孟子所謂大勇小勇者。其意冋甚佳，但於庶人之劍，則曰蓬頭突鬢，垂冠曼胡之纓，短後之衣，又曰，今大王有天子之位，而好庶人之劍，竊爲大王薄之，是又視庶人之劍，藐乎小矣，趙王尙武劍風，卒以莊子一言而乃不出宮三月，劍士皆服斃其處，外人常言中國爲不武之民族，其由來久矣，莊子豈能辭其責哉，夫劍士夾門而客者三千餘人，日夜相擊於前，足見古代武士實地練習養成犧牲奮鬭之精神，至謂死傷者歲百人，在昔護具未經發明，此類事實，固所常有，安可因噎廢食，莊子此種思想，我所不取，然謂示之以虛，開之以利，後之以發，先之以至，爲劍之要道，得矣。

秦

定秦劍

秦始皇在位三十七年，以三年歲次丁巳，採北祇銅鑄二劍，銘曰定秦，小篆書，李斯刻，長三尺六寸，（見古今刀劍錄）

按定秦銘劍，含有天下由秦而定，秦之天下永定之意，秦王之英雄思想，與萬世一系之迷夢，亦於此畢露矣。

前漢

赤霄劍（斬蛇劍）

劉季在位十二年，以始皇二十四年，於南山得一鐵劍，長三尺，名曰赤霄劍大篆書，及貴，常服之，此卽斬蛇劍也，（見古今刀劍錄）

按三輔黃圖靈金內府『太上皇微時佩一刀長三尺，上有銘字難識，傳云，殷高宗伐鬼方時所作也，上皇游豐沛山中，寓居穹谷，有人冶鑄，上皇息其旁，問曰，鑄何器，工者笑曰，爲天子鑄劍愼勿言，曰得公佩劍，雜而冶之，卽成神器，可克定天下，昴星精爲輔佐，木衰火盛，此爲異兆，上皇解匕首投爐中，劍成殺三牲以釁祭之，工問何時得此，上皇曰秦昭襄王時，余行陌上，一野人授余云，是殷時靈物，工卽持劍授上皇，上皇以賜高祖，高祖佩之斬白蛇是也……』是斬蛇之劍，爲上皇所賜也，又中華古今注漢世傳，「高祖斬白蛇劍長七尺。……」是斬蛇之劍，又爲七尺也。

以上二說，雖各有所據，然上皇賜劍高祖，固屬事理之常，而冶工一則曰，爲天子鑄劍，愼勿言，再則曰，得公佩劍雜而冶之，卽成神器，可克定天下，終則曰昴星精爲輔佐，木衰火盛，此爲異兆，純爲不經之語，史記高祖傳，亦曰三尺劍，是上皇賜劍與斬蛇劍長七尺之說，均不及前說之適當矣。

衍劍

平帝衍，以元始元年，掘得一劍，上有帝名，因服之，大篆書（見古今刀劍錄）

後漢

秀霸劍

光武秀，未貴時，在南陽鄂山得一劍　文曰秀霸，小篆書，（見古今刀劍錄）

魏

孟德劍

魏武帝曹操，以建安二十年，於幽谷得一劍，長三尺六寸，上有金字，銘曰孟德，王常服之，（見古今刀劍錄）

按上三劍均係得劍之事，固所常有，然勿以秀霸二字，爲光武中興之兆，蓋古人製劍，多美其名，與後人之名相同者，亦屬偶然巧合，不然，使光武終身未貴，則秀霸二字，又當作何解釋，至平帝得衍劍，曹氏得孟德⋯劍，亦不足爲奇，若果以爲瑞物，則宜永保其國，何以曹氏僅再傳，平帝反爲王莽篡位耶。

晉

神劍

孝武帝昌明，以大元元年，於華山頂埋一劍，銘曰神劍，隸書，）見今古劍刀錄）

梁

梁武帝蕭衍，以天監二年卽位，至普通中，歲在庚子，命弘景造神劍十三口，用金銀銅錫鐵五色合爲之，長短各依劍術法，文曰，服之者，永治四方，並小篆書（見古今刀劍錄）

按上二劍，均以神名之，須知不過尊稱劍之神妙而已，至曰服之者，永治四方，亦不過一種慶祝之言而已，若果信仰神劍，爲一種神物，可以藉此獲福，則梁武臺城之困，奚從至哉。

吳

寶劍

吳大皇帝有寶劍六，一曰白虹，二曰紫電，三曰辟邪，四曰流星，五曰青冥，六曰百里，（見崔豹古今註）

按劍之可稱寶者，以其堅利而光曜耳，如流星百里，言其利也，白虹紫電青冥言其光也，又專諸刺僚，劍透三重堅甲，言其堅也，劍之可寶者，如此而已，故寶劍之尊稱，可以兩言斷定，「謂劍之可珍愛者，」（見辭源）其所，可珍愛者，堅利而光曜也，至劍以白虹紫電流星百里等名之者，無非藉物之情狀，以代名，與形容劍之妙而已，後世未加深察，此劍仙之說所由起也。

附錄劍術之名

達摩劍

直隸景縣趙連和授，（陳鐵生所著）達摩不能武，已有定論，趙受之何人，不得而知。

太極劍

此劍有二，一爲陳微明所著，一爲李芳辰所傳。

七星劍

山東王耀臣傳，（見蜀江宋賡年所編　法圖解）

八卦劍

董海川所傳，（見孫祿堂所著八卦劍學）

六合劍　龍形劍

中央國術館朱處長國福謂，李存義先生發明。

三合劍 三才劍

保定深縣李存義先生傳授，李先生得劍劉奇蘭所傳。

戚門劍

明戚繼光所傳，其說何所本，待考。

形意劍 連環劍

屬形意門之劍術

昆吾劍

河北滄縣李玉祥傳。

梯袍劍

傳之北派，中央國術館郭主任錫三謂范叔所傳，亦不可考，或由梯袍二字附會而來。

按上諸劍之用法，亦各有其說，茲不贅述，其餘八仙劍，純陽劍，太乙劍，兩儀劍，四象劍等，未悉其授受，姑闕文焉。

劍之形式

劍之形式，隨時變易，益以年代湮遠，無從識別，其有朝代可得而考者，順其秩序先後列之，而以中央國術館所製之劍，殿之於後，至於朝代無從稽考之劍，則另爲附錄，以供閱者參考。

周時之劍

第一圖

脊
刃
莖
鐔
臘
從
首

周禮考工記云『劍古兵器名，兩刃而有脊自脊至刃謂之臘，又謂之鍔，脊刃以下與柄分兩者謂之首，首以下把握之處曰莖，

，莖端施環曰鐔』是劍之制，各有定名也。

劍各部之尺度如下，『臘廣二寸有半，兩從半之，（王昭禹曰謂劍脊中高兩殺而趨鍔，趙氏曰半之自脊分斷二邊廣一寸四分之一）以其臘廣謂之莖圍長倍之（鄭鍔曰，莖者劍鐔也，柄謂之夾，莖者，人所把握之處，在夾之中，如什木之莖然，故名曰莖，取臘廣以爲莖之圍，圍二寸半也，長倍之，則長五寸，）中其莖，設其後，（趙氏曰，中其莖，注存兩說，一說謂穿劍夾內莖於中，一說從中以郤稍大之也，設訓爲大，繫辭云，益長裕而不設，趙注亦云設大也，中其莖，大其後，謂以刃爲前，以莖爲中，以設爲後，則莖以後稍大之，視中之數有加焉，則操執處有所礙著，於把爲易制也，如今之刀劍末後，有鐵圈分外大，卽與此同，俞氏曰，中其莖，則易於把握設其後，則張而易制，）刃參分其臘廣，去一以爲首，廣而圍之，賈氏曰，首廣謂劍把，接刃處之徑，鄭康成曰，以圍其徑一寸三分寸之二，賈氏曰，圍之謂圍，故廬人皆以圍爲圍之，鄭鍔曰，凡劍之制，有鋒有鍔有脊有鐔有鋏，鋒者，所以爲銳也，鍔者，所以爲利也，脊者，所以爲幹也，鐔者，所以爲本也，鋏者，附鐔也，君子所以防暴惡，則大小長短之制宜不苟，故其法如此，』由斯論之，劍之大小長短，尤貴視人身體爲標準，故又以『身長五其莖長，重九鋝，謂之上制，上士服之，身長四其莖長，重七鋝，謂之中制，中士服之，身長三其莖長，重五鋝，謂之下制，下士服之，』（鄭鍔曰，此謂桃氏制之，以供衛王者之所佩服也，人之形貌大小長短各不一也，制劍以供其服，非直以爲觀美，要使各適用而已，故爲三等之制，以待三等之士，俾隨宜而自便焉，劍之莖其長五寸，劍之身若五倍，其莖之長則三尺也，重九鋝，則重三斤十二兩也，茲其劍之極，重之至也，故謂之上制，唯士之長而有力者，然後能勝之，故上士服之，劍身四其莖之長則二尺五寸也，重七鋝，則二斤十四兩也，長短輕重適得中焉，故謂之中制，唯人之得中者所宜服，故中士服之，若劍身止三其莖，則二尺耳，重止五鋝，則二斤一兩三分兩之中耳，輕而且短，故謂之下制，士之形短而力微者，可以服焉。）

此就服劍而言，若實用之劍，猶當別論，茲有周服劍三口列左，（見中華新武術劍之科引西清古鑑）

此展身展一尺三寸四分，臘(劍身)廣一寸四分，兩從(劍办)各五分五釐，鍔(劍脊至劍刃)一分五釐，莖(劍柄)廣一寸五分，首(護手)長

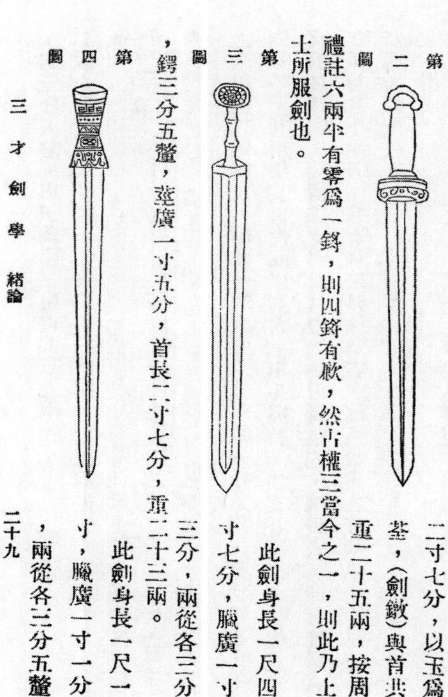

二寸七分，以玉爲莖，(劍鐔)與首共重二十五兩，按周禮註六兩半有零爲一鋝，則四鋝有畸，然古權三當今之一，則此乃上士所服劍也。

此劍身長一尺四寸七分，臘廣一寸三分，兩從各三分，鍔三分五釐，莖廣一寸五分，首長二寸七分，重二十三兩。

此劍身長一尺一寸，臘廣一寸一分，兩從各三分五釐，鍔三分五釐，以玉爲莖，與首共重九兩。

以上三劍，尺寸短小，與第一劍略同，皆服劍也。

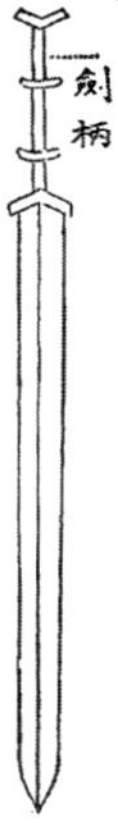

此劍上載有鐘鼎文，曰[illegible]（釋文—吳季子之子逞之永用劍）係銅質，劍長一尺五寸六分，重一斤六兩，劍柄短小，不能容手，其用法於古代或以劍向上單手握持，如文官所抱之笏板式，或繫於腰間，如清代文官所佩帶之小刀荷包式，扇袋式，此劍純爲古年佩持之小手刀，且有紅班錄鏽爲證，確係最古之寶劍也，（見中華新武術劍術科劍）

第五圖

劍柄

秦漢之劍

第六圖

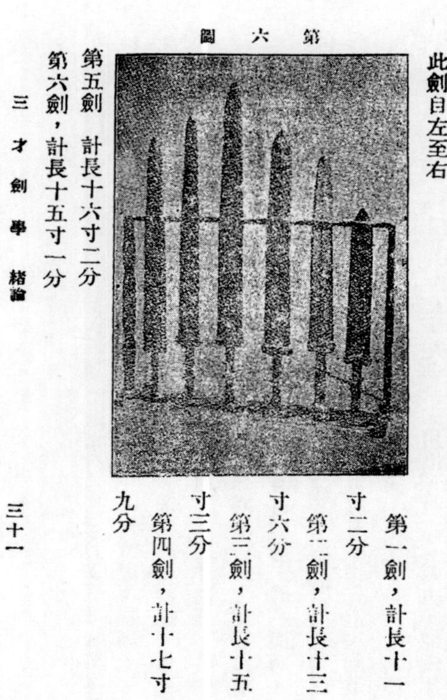

此劍自左至右

第一劍，計長十一寸二分

第二劍，計長十三寸六分

第三劍，計長十五寸三分

第四劍，計十七寸九分

第五劍 計長十六寸二分

第六劍，計長十五寸一分

上六劍，皆係銅製，刻有篆書

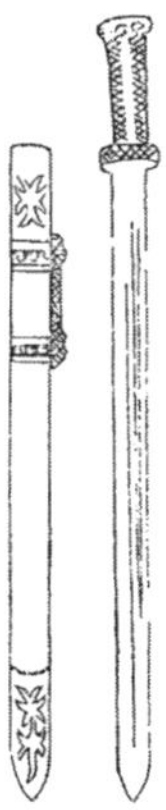

第七圖

此劍於民國七年在山東濟甯西關高土崗掘土土，誤掘一古墓，無碑跡可考，惟於墓中得刀式古劍一口，長約三尺二寸四分，寬約一寸二分，重約一斤七兩，其柄與護手均刀形，考最古劍之護手多有類此者，今以此劍觀之，確係古之寶劍也，其身古劍形，乃一面刃，劍背貼護手處，鑄有篆文曰　，（釋文－曹操對鋒利刃）劍身貼護手處，鑄有小花三朵，劍身中間貼劍背處有凹槽三道，劍鐓與護手皆古年極精之嵌銀鑄造，柄微彎與刀柄同，單雙手持之均甚便利，觀其鑄造精緻，形狀態度，絕非常人用品，且富有彈力，能剛能

柔，以之劈試剛柔物，迎刀而解純係古年大將所用之折鐵寶劍也，又曹操古墓甚多，莫知真假，今以劍考之，或卽其真墓也（見中華新武術劍術科）

宋時之劍

此圖自右向左

第一爲槍

第二爲劍計長十六寸九分

第三劍，計長十七寸九分

第四劍，計長二十一寸三分

第五劍，計長十五寸二分。

第八圖

此四劍亦係銅製，以上銅板各圖，均攝自首都古物保存所，細察其尺寸逐漸加長，以期於適用，故以秦漢之劍與宋時之劍比較，則宋時長劍有二十一寸三分，漢時長劍僅十七寸九分，宋時短劍十五寸二分，漢時短劍僅十寸五分，是漢時之劍，長者差四寸，短者差五寸之譜，足見逐漸加長，毫無疑義，劍之制由銅而進於鐵此自然之勢，秦之時，

器已有發明，漢唐以下，更不待說，近日馬子貞先生所制新式之劍，既宜於佩服，又合乎實用，特錄如左，

鑄造之法，用鐵數十斤，鍛鍊精純，先將劍胚鑄妥，劍背（如甲）上

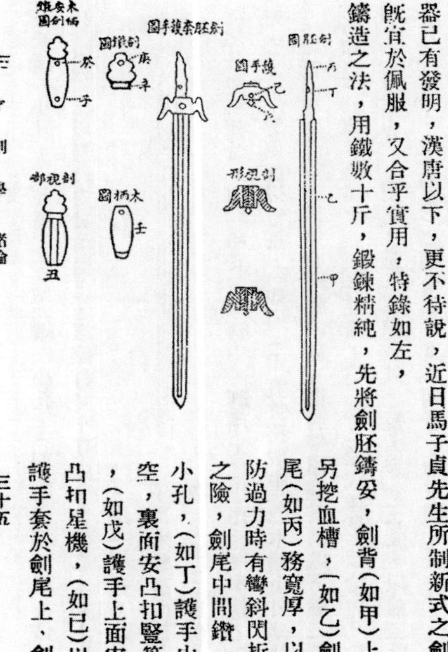

另挖血槽，（如乙）劍尾（如丙）務寬厚，以防過力時有彎斜閃折之險，劍尾中間鑽一小孔，（如丁）護手中空，裏面安凸扣豎簧，（如戊）護手上面安凸扣星機，（如已）以護手套於劍尾上，劍

鐓下端鑽一小孔，(如庚) 上端亦鑽一小孔，(如辛)木柄下端亦鑽一小孔，(如壬)以劍鐓安於木柄上，以銅釘於小孔內，(如癸)木柄上端，鑽一小孔，(如子) 木柄裏面挖長槽，(如丑)其寬長與劍尾長方形相合，以劍尾安於木柄中，劍尾上之小孔，與木柄之孔相對，(如寅)然後貫以竹簽，(如卯)(用實竹務取中段)木柄上外纏絲繩，(如辰)爲把握時，以免有滑脫之弊，復將帶穗繫於劍鐓下端之劍內，(如巳)而以小繩結之，便於摘掛，(至劍之樣式詳見劍式之沿革篇內)而劍之重量，更當注意，須以全劍之長，等分三段，以前二段，(如午)與後一段(如未)之間權之，其重相等，如下圖。

劍尾安入木柄圖

寅

用時必能旋轉自如，擊刺敏捷，如首重柄輕，皆不合用，且與劍術之應用，大有妨害也，(至劍之尺寸重量詳於劍之尺寸重量篇內(造成後，加意細磨，磨畢，用綢細擦，復拭以純油，(詳於劍之經理保衛法篇內）以保精華，此外裝璜綺靡，嵌寶飾金，徒壯觀瞻，無益實用也。

貫竹簽圖

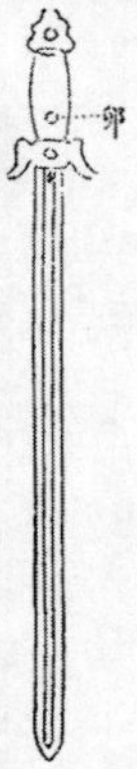

裝飾完備圖

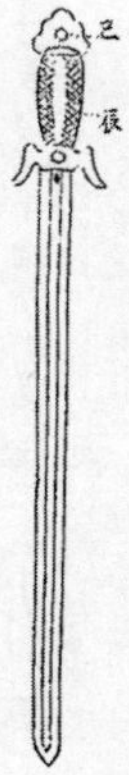

等分三段圖

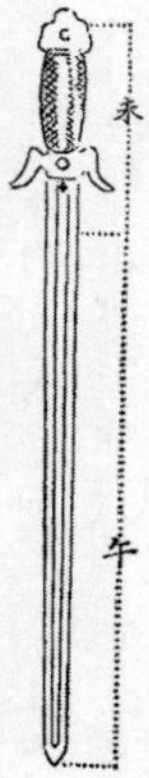

劍之尺寸與重量

劍之全部共長約二尺八寸三分，(以工部尺計算)劍身長約二尺一寸八分，(如子)寬約一寸一分，(如丑)劍鋒寬約七分(如寅)護手長約一寸一分，(如卯)寬約二寸六分(如辰)厚約七分，兩耳，每耳長約一寸五分，(如巳)兩耳相距約三寸一分，(如午)劍柄長約三寸六分，(如未)寬約一寸二分，(如申)(由中間計算)厚約九分，鐓長約一寸八分，(如酉)寬約一寸六分，(如戌)(由中間計算)厚約六分，(由中間計算)以上所定之尺寸，乃雌劍也，雄劍較雌劍寬長，重量均須酌加，惟須依用劍者之身長

劍之尺寸圖

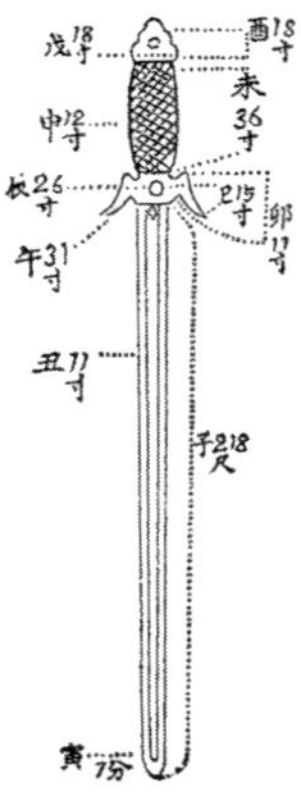

力量規定之，不可拘泥，長之諸多障礙，短劍難期致遠，劍輕則不易擊堅，劍重則運用遲緩，以常人普通之力量規定，雌劍約一斤，雄劍約二斤，或慮其稍輕者，取其劍輕手快也，（如上圖）

劍匣

劍匣一名劍鞘，其尺寸隨劍之長寬狹而定，雌劍用木爲胎，外裹砂魚皮殼，（如子）取其胎輕而外堅，且能禦溼，外復飾以銅箍，防其久而分裂，匣口（如丑）與匣底（如寅）俱用銅箍包裹，約長三寸許，銅箍上各鑄松竹取其經久不變，節義常存，匣底週圍造出銅邊，以防磨碱，（如卯）匣口銅箍下復有狹銅箍兩道，（如辰）寬約五分，兩箍相距約一寸五分，第一箍上凸出一鼻，（如巳）鼻上安繫帶環一，（如午）以備佩劍時，以此環掛於繫帶勾上，至劍匣或有用漆者亦可，雄劍匣用鐵質，匣外鍍以黑漆，匣箍與繫帶環，俱以鐵爲之，爲實用時堅固不易捐壞，匣底週圍包以鐵邊，取其耐磨，其餘劍環等項，與軍人戰刀匣略同，倘匠人不能造鐵匣，用雌劍式亦可。（如十一圖）此劍式佩服應用，均甚合宜，上已言之，惟分爲佩服者，則宜雌劍，應用者，則宜雄劍，似稍欠當，雌雄之說，因本之干將所製二劍而來，但現今科學昌明，凡百學術力趨實用一途，本館有鑑及此，參合各家，式，新製一劍，使佩服應用，於一致，劍復襲雌雄二字之名，然其劍之形式，亦與此，大同小異耳。（如下圖）

雌劍圖

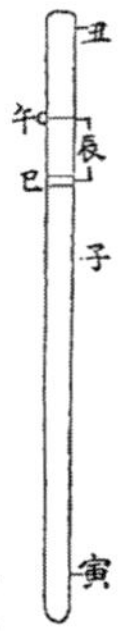

丑 辰 午 巳 子 寅

雄劍圖

鐵箍 鐵環 鐵匣 鐵邊

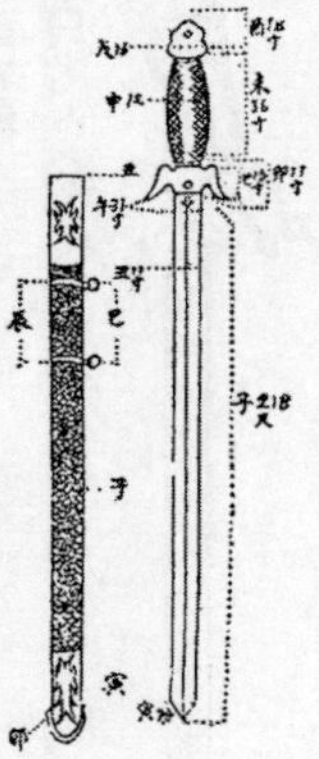

此劍全部共長約一公尺，劍身長約七公寸七公分，(如子)寬約三公分，(如丑)劍鋒寬約二公分半，(如寅)護手長約三公分半，(如卯)寬約三公分七米，(如辰)厚約二公分，兩耳，每耳長約四公分，(如巳)兩耳相距約一公分一公分半，(如午)劍柄長約十二公分半，(如未)寬約三公分半，(如申)(由中間計算，)厚約二公分半，鐓長約四公分半，(如酉)寬約五公分，(如戊)(由中間計算) 約一公分半 (由中間計算)

新製劍及劍匣圖

劍匣

此劍劍匣，用木爲胎，外裹鯊魚皮，(如子)取其胎輕而外堅，且能禦溼，外復飾以銅箍，防其久而分裂，匣口長九公分，寬四公分半，厚二公分(如丑)匣底長九公分，寬三公分半，厚一公分半，(如寅)匣口與匣底，俱用銅箍包裹，匣底週圍造出銅邊，以防磨碰，(如卯)匣口銅箍下復有狹銅箍兩道(如辰)兩箍相距十二公分，兩箍上凸出一鼻，鼻上安繫帶環，佩劍時，可將此環掛於繫帶鈎上。

附錄古劍

茅子曰，古之言兵者，必言劍，今不用於陣，以失其傳也，余博搜海外始得之，其式更不可綾矣，劍無今古，卽武經二種而圖之

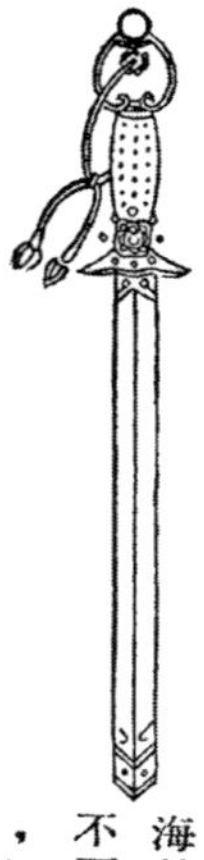

第一圖

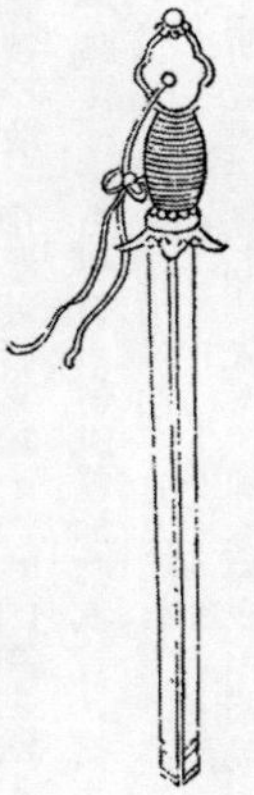

劍飾有銀鍮石銅素之品，近邊臣乞製厚脊短身劍，軍頗便其用，(見圖書集成刀劍錄)

第二圖

按無今古一語，洵將古今劍制一語道破，蓋造劍只在得法而已，苟得法，則古劍固佳，今劍亦佳，苟不得法，則今固劍不善，古劍亦不善。

劍之本義

劍之名稱多矣，劍之形式雜矣，苟不知其本義所在，則如游散之騎，終無所歸，又烏乎可雖然，劍之名與式，尙難稽考，遽而求諸本義，有不戛戛乎其難。

茅子曰，『古之劍，可施於戰鬪，今其法不傳，』郭希汾中國體育史引何良臣陣紀云，『「卞莊子之紛絞法，王聚之起落法，劉先主之顧應法，馬明王之閃電法，馬起之出手法，其五家之劍，庸或有傳」則劍法之失傳，明人已有此感，迄乎近世，詢諸能劍之士，亦鮮有解此者，』宋慶平所編之劍法圖解，亦曰『劍法失傳久矣，在昔四庫全書，無拔不收，百藝俱有考驗，惟缺劍舞之法，』盧煒昌之序達摩劍曰，『獨惜乎千百年來，傳劍述而無其言，有志者，不遇名師，惜哉。』

以上所說，皆謂劍法失傳，師承無以，甚矣，劍之本義難得也。

然而編者所謂本義，實指劍之自然之能力言，不假絲毫勉强，簡知易能，與世之論劍術精深奧妙之義者逈異，今試以劍與孩提之童擊之，則劈刺之法，莫不應手卽是，中華新武術劍術科有云，『以劍任平置於一處，只露其鋒，誤觸之必刺，猛壓其尾，劍鋒上升必彈，劍鋒向上，任豎立於一處，劍倒則必劈，』是劍之自然能力也。

劍法十二要訣

抽撤法：用兵致勝之要訣，全賴抽撤得宜，進退不失其時，當進則進，迅雷不及掩耳，當退則退，瞬息不得逗遛，與敵對武之時，欲退不還，須用抽撤之法。

刺擊法：法有數種，分對喉刺擊，對胸刺擊，翻身刺擊，即所謂上中下三刺擊也。

劈斬法：分平斬，立斬，順斬，橫斬，倒斬，斜斬，上下斬，左右斬，進退斬，翻身斬諸法。

提托法：提與攔相通，托與海底撈月相同，即敵劍直來，我以劍從下而劍上托，使敵械不能發生効力。

撩橫法：分前撩後撩倒步撩進步撩退步撩諸法，舉凡敵械直來者，無論前後左右，我以撩橫之法以遮斷之，所謂彼以直來，我以橫取，是也。

剪截法：剪截意同，截者，截腕也。剪者，剪斷也。猶如以劍剪截敵人之腕也。

搖身法：卽形意拳中鷂子穿林法，左足在前，則左轉身，右足在前，則右轉身，劍與身同時搖轉，搖劍以破敵器，搖身以到敵之背後，

領送法：謂與敵交手時，其械旣近我身，偏我左方時，則用劍領之於左，但左足亦隨之同時收囘，旣領之後，迅速照其喉部點刺今，右與左亦然，原以領者以破避敵械，送者，卽點頭刺擊也。

套環法：敵器至我近前，我則用劍從下向上以斜橫之勢托其腕，左右如之。

點頭法：其法左右相同，以截敵腕，惟截敵腕之右邊時自身卽提右足，左則提左足，高與膝等，所謂點頭者，以用劍端之謂也。

勾掛法：敵器至我下部時，用劍向左破之爲勾，向右破之爲掛，所謂裏勾外掛是也。

旋轉法：卽古劍法所謂劍裏藏身是也，法卽以右手持住劍柄，劍尖向下，身體則急力蹲曲，之與身約一尺之遠，或左轉前進，或右轉後退，或右轉前進，或左轉後退，無論進退，左轉時必虎口向下，手背向裏，右肱成半月之形，右轉時亦虎口向下，手心向外，小指翻天扣肩沉肘，按此法於人多廣衆之時用之，純爲敵衆之法也。如有時四面受敵之包圍，槍棍刀劍前後左右俱向我時，卽用此旋轉之法，此法誠有殺敵之巧，尤有衝鋒難逃之妙。

原本此页无内容

三才劍學淺說

劍，劍始於銅器時代，初無所謂學，或以辟除邪祟，或以剷除惡霸，率皆紗乎其技。而所謂術者，又近於理想附會、多不經之談。求其進退周旋中規中矩者無也。任俠者流，皆秘而不傳、或傳而不盡。至宋岳武穆時，拳技盛行，武穆有各種拳譜之流傳，劍學亦有創作。然湮沒而弗傳。

三才劍分天地人三路、第一路爲天才劍，內共分十七圖，此十七圖中，又分爲天地人三部。第二路爲地才劍，共十七圖，第三路爲人才劍，共十六圖，兩軍肉搏，人與人爭，其勝負決於仆傷，人至上中下三部，皆有掩護，且各路皆含有天地人之變化，路路不失其三才之本身，於對敵取勝，可操左勝也。近世雖重機械戰，而白兵戰爲最後勝利之決定，觀於中日上海之戰，我十九路軍完全以白兵戰相抵抗，此後長期奮鬥，保衛國家，則以劍以刺，又爲必修之科矣。士金特將三才劍刻賫成帙，以供愛國志士之參考。

考三才劍，其源出自岳武穆，元明秘而未傳，幾成絕學，清初蒲東姬際可先生由終南山得岳武穆拳劍各譜，遂詳加習練、姬先生字隆風，生平嗜技擊，得譜後，昕夕不輟，岳穆之技得以復彰，一時從游者甚多，曹繼武傳其衣缽焉，曹性任俠，從游者如戴龍邦等，皆能秉承師教。戴晉人，在河北傳授甚多，李能然先生乃其高徒也，李時際回亂，朝廷雖輕武重文，如豪俠之輩，如郭雲深劉奇蘭（河北人）諸人，爲保家保國，力求如李，得其傳焉。由是各收徒傳習、如宋士榮車毅齋白錫園諸人競相傳習，風靡一時。耿繼善李存義周明泰諸先生亦各有門徒，如尚雲祥（山東人（李星階李子揚杜奉朝秦月如高專靜杜勇勇杜振川劉希鵬劉麟祥皆從李先生精研細究。耿繼善先生亦傳其子霞光，並鄧雲峯，張輔卿，高珍貴，趙振光等•士金從耿先生遊者五年，朝夕所學，不敢謂得其眞傳、而對於精微之處，稍能脗合。現各地國術，漸趨昌明，士金又服務軍校，專司國術，爲欲使學者得捷近之途徑起見，竟災鉛槧，爰說其源流於右。

皖北徐士金謹識二十一年三月十五日

附乾隆劍考

清高宗(乾隆)平生好武術，精於技擊著，各種器械，均能使用，尤以劍術爲最，曾以重金召聘著名鐵師用雲片鐵佐以金銀銅鐵錫五金冶造寶劍五口，每劍重約天平四十八兩，長漢尺三尺五寸五分，寬一寸一分，劍柄護手，均以最良之雲南銅爲之，劍面呈五色雲彩，閃灼耀目，銜利無比，惜均散失，現惟餘其一，槓藏漢口市國術館中，蓋視爲不易得之珍品也，下圖卽劍之印影。

乾隆劍圖

三才劍學 附乾隆劍考

第一章 天才劍

第一節 無極學

第一圖立正式。即無極圖，無極者，參天地，含陰陽，包羅萬象之謂也。拳經云：無極爲始，六合爲終，從無極而生太極，而兩儀，而四象，五行六合亦因之俱備矣，勢之以是定名者

第一圖 無極圖

，謂：無論何拳或刀槍劍棍及個人單習成排教練，千變萬化，凡百動作，無不以無極勢起源，凡欲動而未動之時皆爲無極也。練習時，以南北場面開式，從北首起 則 向正南。

第二節　用劍勢（一）

第二圖爲用劍第一勢

第二圖　用劍勢（甲圖）

領要：兩足仍取立正姿勢，兩腿靠攏，兩目平視，左手持劍向前平伸與自己心胸成一平線，復向胸收縮收至左乳前邊，手心向下，（與左乳距離十生的）同時右手亦成左肱之勢，手心向下，持住劍柄，兩肱均成彎曲之形，兩肩要往下扣力。兩肩兩手及兩肘各成三角之形，面仍向南。

第三節　用劍勢㈡

第三圖爲用劍之第二勢

第三圖　用劍勢

（乙圖）

要領：

從兩肱各成三角形，左手鬆開劍柄，右手卽將劍柄緊握左手，兩肱同時各向左右下方垂直，左手五指併攏，其中指伏於袴縫之上，右手持劍，虎口向前，大指緊靠右胯之下，劍尖向前與劍柄成一水平線，劍端宜稍高，劍則上下爲鋒刃，同時兩目仍平視，頭之後項往上頂勁，下裏收襠，以待再作後勢，面仍向南。

第四節　預備勢（四）

右手持劍不動，左手無名指與小指曲回，食指與中指仍靠攏直伸，惟大指獨伸，遂將左手向前移動，至丹田之前稍停，手心向上，小指緊靠丹田。按肚臍以下一寸三分爲丹田，以個人之左手中指之中節爲一寸再將左手順腹胸之前）向上移動，即形意拳中之上鑽也。至肩部再急力猛翻，向上伸直，手心向上，食中二指稍向右斜，兩目上翻，注視食中二指之指端，方向不換。

第四圖　預備勢

第五節　鷹形勢㈠

先將身體半面向右，再將右足向右後方退一步，同時將左手及上身向下猛撲，即腰展向前傾成一大曲折之形，此爲閃避勢，乃敵人刺我喉部，在最近不易變轉攻勢時，故暫閃展而避之，此亦守備勢，以便乙圖之攻擊也。頭頂向西南，面部向下。

第五圖　形形勢
（甲圖）

第六節　鷹形勢(二)

從甲勢起，右足不動，上身豎直，而右腿矗立，再將左足提起，盤於右膝之左側，同時用劍直出以刺敵人之膝部，右手卽手心向左下，左手虎口伏於右腕之左，兩目凝神一致注視劍端，頭之後項向上頂勁，下頦裏收，面向東南。

第六圖　鷹形勢

（乙圖）

甲圖爲鷹形之起勢，乙圖爲鷹形之落勢，乃以劍之動作而言，非爲身軀之動作而言者，學者細參之，方有所得。

第七節　熊形勢（一）

拳經云：鷹有捉拿之精，故其形向下　熊有豎項之力，故其形向上此熊形劍亦為領劍之勢，故又有金雞抖翎之稱，法即右臂微向上動，

（甲圖）

第七圖　熊形勢

即用劍身向右上挑，仰面向天，將劍領至頭面前方，劍端與右肩相距二十生的，同時左足前落。（兩足相距七十生的）此劍法原為敵人用械斬打我之上右部時，用以將敵械領至自身之右，則敵械失其作用，此亦破敵械之法也，身之正面向西南，頭項則向東北方也。

第八節　熊形勢（二）

甲勢既將敵械破去，則敵为空虛，我則用劍從自身左邊向下移動，以撩其膛，同時將左腿豎立，右足提起，右手心向下，成爲陰手之勢，左手即伏銜右腕，兩目則注視劍鋒，頭向上項勁有黑熊豎項之意，面正西。

第八圖　熊形（乙圖）

第九節　進步刺肋勢

進步刺肋者，乃刺擊之法也，法有三種，曰對喉擊刺，對胸擊刺，翻身刺襠，所謂上中下三刺擊也，此進步刺肋亦刺中部之法也，法由熊形劍之乙圖起，先將兩手分開，劍尖向上，再將身體稍向左轉，轉至身體向南時，右足即前進一步，同時持劍之右手，急用劍向敵人肋部直刺，左手伏於右腕之左側，右腿前攻，左腿後撑，襠要合扣，兩目注意劍端，身體要直，稍向前傾，面向正南。

第九圖

進步刺肋圖

第十節　白蛇吐信勢

古人云：毒如蛇蠍，卽蠍之尾針。蛇之信舌，用以爲自衞之具也。勢之以是取名者，卽劍從後向前不搖不擺，而以直出，猶如蛇虺之吐其信也，法先將兩手收回，置於左右胯之外，後將兩手左右徐徐向上，各繞半環，行至與兩耳成平綫時，左足卽前進一步，落斜，足尖向左扭勁，右足在後要順直與左足成一丁字，右腿卽作大灣曲，左腿斜平而稍曲，全身重量放置於兩胯之上，劍則同時向前直出，以刺敵之襠部，左手虎口向前，隱伏於右腕之下，兩目注視劍端，身體與頭面俱仍向南。

第十圖　白蛇吐信圖

第十一節　懷中抱月勢

從白蛇吐信起，兩腿不動，將兩肱收回，緊靠左右肋部，兩手心俱向上，（手心向下為陰手，手心向上為陽手），成為陽手，兩手相鉅十生的，劍之柄端與腹部要十生的，柄尖向正前方，劍身要平，同時左足向左扭勁，以斜橫為度，右足在後順直，足跟離地少許，足尖與左足跟成一直線，兩目注意劍尖。面之方向仍向南。（要之本圖形勢有如抱物之意）

第十一圖

懷中抱月圖

第十二節 孤雁出羣勢

左足不動，右足即向前進一步，右足尖落至向東南，右手持劍用陽手向正南，敵之喉部平形刺出，刺身要平同時將左足提起，置於右膝之左側，左手揚起於頭頂之上部，用力上頂，以襯其勢，則右足方可方立穩固，全身俱向東方而稍向右。

第十二圖 孤雁出羣圖

第十三節　青龍擺尾勢

全身不動，惟持劍之右手用抽撤法，將劍平行抽回抽至劍之柄端與下頦，相距二十生的停住，是爲陽手，再由陽手正轉變爲陰手，用力向後抽拉，有如切物之意，同時左足向左後方退半步，此時右足尖仍向東南，左足尖與右足之後跟成一直綫，左手與頭部同

第十三圖　青龍擺尾圖

時向下猛落，至與右手腕相距二十生的停住，面向下方，兩目俱向右股之外注視劍端稍高，上下成爲劍刃劍之中部高與膝等，劍之中身與膝要十生的之距離，頭頂卽向正東。

第十四節　仙人指路勢

左足不動，右足向右後方退一大步，同時用劍向正東方刺擊，以刺敵之左眉，左手用力上頂，身體稍向後仰，兩足尖俱向東北，左股在前成弓形，右股在後用力向前頂撐，左手揚起，面向東方

第十四圖　仙人指路圖

第十五節　青龍入洞勢

由前勢起，左足不動，右足向前進一步落斜，足尖向外扭三十度，同時將右手反轉爲陽手，轉至劍端向下，再以劍端向後從自身右邊走，走至右手至右膝之右前邊停住，手心向外，左手虎口將銜右手之腕，身體向前曲，頭與兩目注視劍端，有青龍入洞之勢，右手向後行時，左手亦必隨之而動，右手停止時，左手亦停。此劍之定名與青龍擺尾之定名，其意義乃以劍本鋼鐵所鑄，其色青，吾人每於精神歡時舞，前撩後劈，左轉右旋，上上下下無處不是劍，如龍之在雲中盤旋，此劍鋒向後行時，猶如青龍入洞，身向東南面向正西如右圖。

第十五圖　青龍入洞圖

第十六節　金雞食米勢

右足不動，左足從左後方向左前方移轉一步，足之路線形如半週，落地時足尖須向正南右足卽提起，同時用劍端向敵人頸項斬去，此乃敵人用軟折腰法避開，我之步法不及前進時，卽用雙手持劍步法不動，但用劍端向彼喉部點刺之，面向正南。

第十六圖　金鷄食米圖

第十七節　回頭望月勢

從前勢起，右足向後退落，同時仍用抽劍法，身體與右手俱向後抽，兩足尖與身體俱向正西，惟面向左，（即向南）右腿略弓，左腿斜形伸直，兩足相距八十五生的，兩臂左右伸開而稍曲，形如半月，兩手均成陰手，右手持劍作平行線，橫於胸前，劍尖稍低，右手與右乳高低同，右手在右前方與右乳相距四十二生的，劍身與胸相距三十生的，左手後撐，高度與右胯同，與左膝要三十生的之距離，兩目左視，以備敵人，是又可爲守望勢。

第十七圖

回頭望月圖

第二章　地才劍

第一節　鳳凰展翅勢

第十八圖　鳳凰展翅圖

右足不動，左足向右前方進一小步，身法劍法與手法與面之方向均同回頭望月，此亦回頭望月之勢也。惟其步法不同，因之定名亦異，益信古傳非偶然也。

第二節 回頭望月勢

第十九圖 回頭望月圖

由前節鳳凰展翅，左足不動，惟將右足向左前進一步，其全身之姿勢俱與前節之回頭望月相同。

第三節　青龍出水勢

從前勢兩足跟用力向左轉，身亦隨之，轉至面向正南方，左足尖向左轉三十度，右足尖向右斜十五度，同時右腿卽作大彎曲，曲至臀尾與右足跟相距十生的停住，右足跟宜離地少許不可太低，低則勢散矣，則用劍向敵之膝部直刺，卽正南方劍出時不搖不擺以直出爲要，劍身要平，右手心向上，左手心向前，推住劍柄之後端，兩目注意劍鋒如右圖

第二十圖　青龍出水圖

第四節　猛虎攔路勢

由青龍出水勢，左足不動，右足向右前方進一步，右手用劍，卽向右前橫推，變轉手心，向右前成半陰手之勢，同時卽將劍身橫於胸前，劍端稍低劍身似平非平，而成側面之勢，左手虎口伏於右腕，兩目注意劍鋒，此勢如敵人欲向我之右邊閃展逃避，我卽以此劍法橫遮之，攔其歸路，猶如猛虎攔路，面向正東，

第二十一圖

猛虎攔路圖

第五節　鷹熊鬥志勢

由前勢起，右足不動，左足提起，兩臂卽作白鶴亮翅之勢，向左右分開，而復合爲一處，右手用劍，卽斬敵之下部，右手卽成陽手，左手虎口與劍柄相距十生的，此時身體之正面卽向東南方，兩目注視劍鋒。

第二十二圖　鷹熊鬥志圖

第六節　青龍翻身勢

由前勢起，右足不動，左足向左後方退半步，兩腿同作灣曲之勢，右手用劍向腰胯處回拉，復向後抽，將右手成爲陰手，左

第二十三圖

青龍翻身圖

手虎口與右腕要二十生的之距離，兩目注視劍之護手，身體向前傾三十度，身體向正東而面向正南，如右圖。

第七節　白猿托桃勢

由前勢起，左足不動，左足向右後方退一步，右手持劍從右肋同時向前推出，左手亦然，兩手心均向上，劍身水平，

第二十四圖

白猿托桃圖

（甲圖）

劍尖稍低與左右手成一平線，兩目注視劍之中段，面仍向正東。

第八節　白猿托桃勢（二）

由前勢兩足俱不動，右手持劍與左手從左前方俱向上移

第二十五圖　白猿托桃圖（乙圖）

，再用右手持劍向右後方旋轉一週，仍作白猿托桃之原勢，但兩臂及兩手旋轉時，身法亦必隨之搖動爲要，方向不換。

第十一節　出洞入洞勢

從前勢起，左足不動，右足向後退一步，同時先將身體向前，作大彎曲，右手持劍向後抽動，身體卽向前作大彎曲與劍同時後撤，所謂身法隨之是也。劍柄與右胯要十生的之距離，不動，再將左足提起，右手持劍外翻，翻至手心向外，然後再向敵人面部直刺，左手伏於右腕之下，兩目注視劍鋒，方面不換，劍與身後退時，頭亦向後鑽，有入洞之意，劍之直刺，猶如青龍出洞也。

第二十八圖　出洞入洞圖

第十二節　預備勢

右足不動，左足向後退半步，同時用劍向左邊勾掛，與左足同時向後，再用劍向前直勢，再將右足收回作立正勢，右手即持劍靠於右股之外，劍端向前，劍柄向後，左手揚起，手心向上，而目仍北。

第二十九圖　預備勢

第十五節　海底撈月勢

由前勢左足不動，右手持劍向左邊勾掛，勾掛之後，復向正前方劈，劈劍之勢不停，再向下移動，從右而左上，猶如以杓舀水之勢，至右手與右乳適平爲度，成爲陽平劍，同時右手提起，左手手心亦向上，與右手相距四十生的，與八卦劍之推轉法相同，兩目凝視劍身，面目則向正西。

第三十二圖　海底撈月圖

第十六節　抄步撩衣勢

由海底撈月之勢起，上身俱不動，惟將所提之右足向西北進一步停住，左足提起，卽向東北進一步停住，右足復向正南進一步，再將左足向正南進一步，同時用劍向正前撩之卽正南方，其身法之姿勢俱與前之抄步撩衣同，惟此劍面目則向正南，所謂勢同而方向不同也。

第三十三圖

抄步撩衣圖

第十七節　進步刺肋勢

第三十四圖

進步刺肋圖

法與第二十七圖完全照同，惟面目仍向南方也。

第三章　人才劍

第一節　天邊望月勢

由前勢起，兩腿與兩足俱不動，右手持劍從陰手正轉，轉爲陽手，再向懷中緩緩抽拉，身體亦隨之向後倒坐，拉至右手與胸適平，劍則上下成鋒亦爲度，劍尖稍高，左臂曲灣於左前方，形於半月，手心向前，中指與左眉略平與左眉相距五十生的，左腿竭力下灣，右腿則直伸成一大斜坡，身體向正東，而目則注視正南之劍尖。

第三十五圖　天邊望月圖

第二節　烏龍出洞勢

由前勢起，左足提起，同時劍向正南方，敵人之胸部反刺，右手虎口向前，手心向後，劍則上下成鋒刃，劍端與劍柄適平，兩目注劍視尖，左手揚起於頭頂之上，手心向上，用力上頂，頭面向正南，身體則向正東方也。

第三十六圖　烏龍出洞圖

第三節　回身劈劍勢

右足不動，身體向左轉，轉至向正北方時，將所提之左足向正北進落一步，右手持劍不搖不攪，向正北立勢，如斧之劈物，同時將右足提起，

第三十七圖

回身劈劍圖

惟劍下落時，落至與己之喉部適平爲要，身法劍法轉動時，左手順胸下落，劍劈至相當目標時，左手亦襯之上揚，仍置於頭頂之上部，用力上頂，兩目則注視劍端如右圖。

第四節　推窗望月勢

由前勢起，先將持劍之右手反轉，虎口向左將劍平橫於胸腹之前，同時身體右轉，轉至向正東時，右足向前進落一步，則右手持劍橫推之，左手揚起於頭之左前方，劍法與身法之姿勢不變換，仍作原勢，惟身體之方向，則變轉向正東方也。

第十三圖　推窗望月圖

第五節　烏龍盤柱勢

從推窗望月起，上身仍作原勢，先將右足尖稍向外扭，

第三十九圖

烏龍盤柱圖

身體亦向右轉，轉至面向正南，同時左足即向前進一步，此乃旋轉之法也，上身之姿勢，仍不變換，面目向正南方。

第六節　青龍探海勢

兩足尖俱向右轉動，轉至兩足尖俱向正北時，右足卽向後退一步，同時用劍亦向後斬，卽照敵人之脛部斬之，卽所謂轉身斬脛者是也，劍身斜平指地，左手伏於右腕之左，左足提至右膝之前，身體卽向前傾要三十度，兩目注視，劍身身體向東南，如右圖。

第四十圖　青龍探海

第七節　白猿托桃勢

由前勢右足不動，左足向東北進一步，同時右手持劍向東北平推，左手亦隨之，劍尖微低，兩手心俱向上，兩目注視劍身，爲托劍法也。其姿勢均與前白猿托桃完全相同，身體向東面向南。

第四十一圖

白猿托桃勢

第八節　仙人釣魚勢

由前勢起，右足不動，右手持劍，劍尖從右前方向下移動，再向左前而上行，行至一圓週四分之三時，再向敵之膛部點刺，

第四十二圖　仙人釣魚圖

同時左足卽提起，左手伏於右腕之左，身體微向前傾，兩目注視劍尖，身體向東南，面向正南而下視劍尖。

第九節 鳳凰點頭勢

由前勢起，先將身體向左轉，轉至身體向東北，再將所提之左足向正北進一步，然後再將右足向西北進一步，左手向前平揚而不停 右手持劍作曳兵之勢，同時再將身體左轉，轉至回頭向南，右足再向前進一步，右足亦隨之跟進一步，左足在前，右足在後，兩腿靠攏，卽如形意拳中之崩拳步法相同，右手卽用劍從後方向前，南方立劈，劈至劍身與胸高度適平，劍端向前，左手伏於右腕之下，兩目注視劍端，身體則臀部下坐，兩腿亦向下彎曲，身之面目，則向正南方。

第四十三圖

鳳凰點頭圖

第十節 天王背傘勢

仍從鳳凰點頭之原勢，全身上下俱不動，惟右手持劍向右後帶領作領劍之勢，法即先將劍尖向上揚動，復向後行，行至劍尖向後，似將劍身於右肩之上，而不即落，要之劍口與肩距十生的爲度，左手仍在右腕之處，兩目右劍柄。

第四十四圖 天王背傘圖

第十一節　轉身刺胸勢

由前勢起，先將右足提起離地寸許，再將左足跟用力向右後猛轉，轉至身體向正北，右足即前進一步，同時用劍向敵人之胸部，刺去，與進步刺肋之勢略同，惟刺胸之劍宜稍高，右腿在前作弓形，左腿在後用力撐頂，左手仍在右腕之左，兩目注視劍端，身面均向正北方。

第四十五圖

轉身刺胸圖

第十二節　仰天望斗勢(一)

第四十六圖　仰天望斗圖（甲圖）

由轉身刺胸起，週身俱不動，但右手用劍向後帶領，領至劍尖向後與天王背傘之姿勢同兩目注視劍柄，方向仍向北。

第十三節　仰天望斗勢（二）

由前勢兩腿之姿勢不動，即用劍倒刺敵人之面部，左肱前伸，兩臂要平，頭則仰面向上，兩目注視劍尖，身體向後仰折，如右圖。

第四十七圖

仰天望斗圖

（乙圖）

第十四節　烏龍翻身勢

第四十八圖　烏龍翻身圖

由前勢先將身體左轉，轉至頭面向西南時，再將右足尖向左轉動，右肱則從頭上經過，急力用劍以刺敵膝，同時左足卽提起，左手伏於右腕之左下，兩目注視劍尖，面向西南。

第十五節　青龍入洞勢

由前勢先將左足後退一步，同時用劍向左勾掛，再將右足後退一步，身體則稍向右轉動，右手即持劍向右後抽拉，拉至右手於胸前，手心向下，虎口向左，劍身要平，左手即上行至護手之上，手心向下，虎口向右，實行左手持劍，同時左腿復向右後方退一步，此勢如形意拳中之龍形，即右足在前橫，左足在後順直，兩足幾成丁字，兩目注視劍柄，面目向正西。

第四十九圖

青龍入洞勢一

第十六節 收劍勢

從前勢起，兩足尖各離地寸許，與身體同向左轉，轉至身體向正南時，左足不動，即將右足收回，成立正姿勢，兩腿靠攏，左手持劍垂直於左股之外，右手即揚起於頭頂之上，後自行落下，即垂方右股之外，兩目平視少許，俟氣平靜時，方可解散。

第五十圖 收劍勢

跋

劍爲武器之君，而以刀矛戟盾爲其臣輔。蓋劍之爲物，輕而易舉，善於自衞，其形正直，其氣凜冽，郤百邪而正紀綱，古來帝王公侯文武將相，多佩帶之。習武術者，必宗於劍，而以武術稱者，又非以劍著不名也。吾友徐子鐵生，皖北武術方家也，凡諸技擊，無不畢精，尤以劍術爲最，其所著之三才劍學，係得之武術前輩李存義先生之口授，吾友精研之，勤習之時，一劍隨身，幾寢食與俱，蓋其好劍術爲天賦興趣使然也。今春更以研攻所得，以歸納方法，闡明條理，分章彙節，又復逐章置圖，逐圖置解，著成本書，梓而，問世，自是而世人始知有三才劍其術矣。今値再版，爲充實內容計，又集劍之原始，劍之形式，劍之本義三則，冠諸本書之首，使學者得窺劍學源流之全豹，斯誠集劍史之大成也。吾友以是書屬校於余，余不禁興起而讀之，又從而習之，更覺斯書之不可不讀，斯劍之不可不習，蓋三才劍不特淺而易學，學而易成，兼具有煉氣養性之功，非他種淺膚劈刺之技，可得而肩比者也，是爲跋。

中華民國二十一年十一月二十三日黔東羅英跋於漢口

民國二十一年四月一日出版
民國二十一年十一月十日再版

三才劍學一冊 定價大洋六角

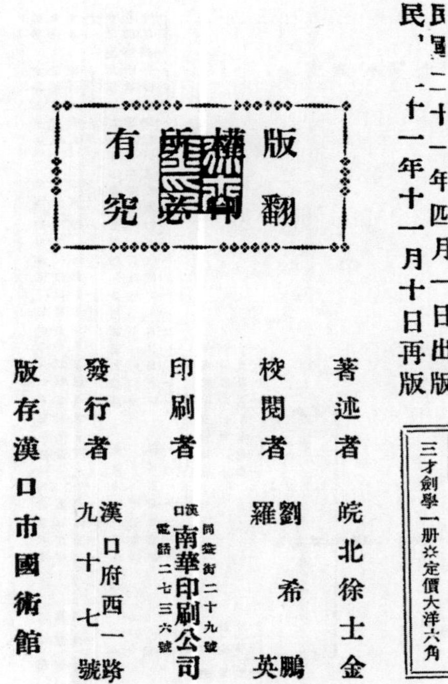
版權所有
翻印必究

著述者 皖北徐士金
校閱者 劉希鵬 羅英
印刷者 漢口同益街二十九號 南華印刷公司 電話二七三六號
發行者 漢口府西一路九十七號
版存漢口市國術館

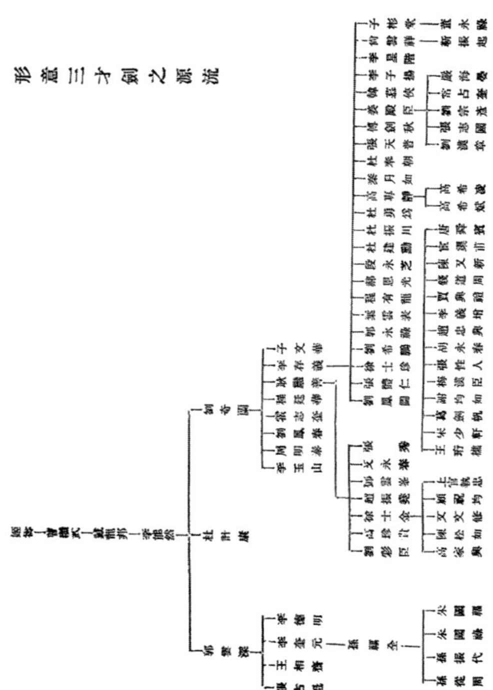
形意三才劍之源流

勘誤表

目錄	頁數	行數	錯誤	更正	備攷
序	十四	六	如少年人之與老年人	興，與	
同	十六	四	一自衛	一字不要	
緒論	十	四	此劍意意	此劍意	
同	十四	六	右左之	之，曰	
同	二三	九	其所，可珍愛老	！謂	
同	二八	十	此展身展	展，劍	
劍法十二要訣	二	八	剌今	今，之	
淺說	一	七	而自兵戰	自，白	
同	二	六	（山東人（	（山東人）	
附乾隆劍考	一	七	閃灼耀目衙	衙，鋒	
三才劍學	一	十一	則 向正南	則面向正南	
同	四	八	爲一寸	爲一寸）	
同	八		熊形	熊形勢	
同	二六	七	兩目劍注意鋒	兩目注意劍鋒	
同	三六	五	劍覗	覗劍	

目錄	頁數	行數	錯誤	更正	備考
序	十五	七	四五十生口	四五十生的口	
目錄	六	五	收勢圖	收劍勢	
緒論	十二	二	使人作鐵劍	人，之	
同	十八	六	曰得公佩劍	又曰得公佩劍	
同	二四	三	李先生得劍	劍，自	
同	三三	一	迎刀而	刀，刅	
劍法十二要訣	三	六	之與身約	之，劍	
淺說	一	九	劍以剌，	以，劈	
同	二	六	杜勇勇	勇，爲	
三才劍學	一	九	習成排數練	成，或	
同	四	六	按肚臍以下一	（肚臍以下一）	
同	四	八	之前）	之前	
同	十二	六	方可方立	方，直	
同	二八	八	方面不換	面，向	
同	四四	六	兩目右劍柄	右，覗